[Ba]RON HIPPOLYTE LARREY

1808-1895

ÉLOGE

DU

BARON HIPOPLYTE LARREY

ÉLOGE

DU

BARON HIPPOLYTE LARREY

PRONONCÉ A LA SOCIÉTÉ DE CHIRURGIE

DANS LA SÉANCE ANNUELLE DU 26 JANVIER 1898

PAR

PAUL RECLUS

SECRÉTAIRE GÉNÉRAL

PARIS

MASSON ET Cie, ÉDITEURS

1898

LE BARON HIPPOLYTE LARREY

(1808 — 1895)

Messieurs,

L'heure semble choisie pour prononcer l'éloge du baron Hippolyte Larrey : notre époque, violente et lassée, brûle au hasard ce que naguère on adora, et la profession médicale, honorée jusqu'alors et peut-être trop souvent placée au rang des sacerdoces, est maintenant presque méprisée. Le roman et le théâtre n'y voient plus qu'une école de bassesse et d'ignorance ; les juges la soupçonnent aisément et la condamnent volontiers. Le dédain ne suffit plus et, pour nous défendre, il faut montrer quels furent nos guides et nos maîtres. La vie d'Hippolyte Larrey sera notre réponse. Le dévouement et l'honneur ne sont pas éteints parmi nous; leur lumière pure brille toujours au fond du sanctuaire et les âmes fidèles savent où la chercher.

Hippolyte Larrey naquit le 18 septembre 1808, à Paris, au quai de Conti, entre l'hôtel de la Monnaie et l'Institut de France. Son père, l'immortel Jean-Dominique Larrey, était illustre déjà : sur ses états de service étaient inscrits sa croisière à Terre-Neuve, son stage à Paris pendant les trois premières années de la Révolution, sa présence à l'armée du Rhin; chirurgien en chef de l'armée de Catalogne, il avait assisté à la bataille de Figuières et à la mort de Dugommier ; il avait, derrière lui, les campagnes d'Italie, l'Egypte, la Syrie, la prise de Malte, d'Alexandrie, du Caire, les marches dans les déserts de Lybie, la bataille des Pyramides, l'assaut de Jaffa, le mont Thabor, Saint-Jean-d'Acre, Héliopolis et Aboukir ; puis Ulm, Austerlitz, puis encore les guerres de Saxe, de Prusse et de Pologne, l'entrée à Berlin et à Varsovie, Golomin, Eylau et Friedland.

Dans cette course à travers l'Afrique et l'Europe, il avait déployé un zèle infatigable, une énergie sans défaillance, un rare esprit de décision, un génie inventif que rien ne déroute, enfin une résistance incroyable. A vingt-six ans, il crée les ambulances volantes qui, sous le feu même de l'ennemi, ramassent et pansent les blessés, jadis secourus longtemps après la bataille, lorsque les fourgons de l'artillerie laissaient enfin passer les chariots du service chirurgical. Avant le combat, Larrey instruisait ses aides, pendant la mêlée il emportait souvent les blessés sur ses épaules, après le carnage, il était le premier et le dernier à tenir le couteau; à Eylau, Napoléon le vit à l'œuvre quand les canons tonnaient encore; il le retrouva, le lendemain, à la même place et opérant toujours, les mains gelées et les pieds dans la neige. Aucune fatigue, aucun danger ne l'arrête; il est aussi résolu devant les pestiférés de Jaffa que devant les insurgés de Madrid; il brave aussi bien la mitraille à la Bérézina que, à Bautzen, la froide colère de l'empereur.

Et malgré ces marches, ces assauts, 60 batailles et 400 combats, il trouve le moyen d'apprendre, d'enseigner et d'écrire. A dix-sept ans, il est à Toulouse, élève de son oncle Alexis Larrey ; à vingt et un, il est nommé, à Brest, chirurgien major des vaisseaux du roi; il rentre à Paris et, pendant trois années, il étudie sous Desault; à vingt-six ans, le voilà aide-major à l'armée du Rhin; il en a fini avec les maîtres, mais, partout où il trouve un hôpital, il fonde une école, fait des conférences, dissèque, expérimente sur les animaux et essaie, sur les cadavres, de nouvelles opérations; il visite les savants, Scarpa, Spalanzini et Malacarne en Italie; en Allemagne, Humbold, Graefe, Hufeland et Sœmering; il professe au Val-de-Grâce; il écrit cinq volumes de cliniques et son fameux ouvrage : *Mémoires et Campagnes*. Les observations médicales qu'on trouve dans cette Iliade française sont celles de Gouvion-Saint-Cyr, de Jomini, Cassaigne, Jourdan, Labédoyère, de Berthier, Duroc, Suchet, Moncey, de Rapp, de Thiébaut, du général Foy ; ses blessés et ses malades s'y nomment Desaix, Junot, Kléber, Custine, Augereau, Beauharnais et Louis, Joseph et Napoléon Bonaparte. A lire la vie de Dominique Larrey, on se demande pourquoi il n'est pas devenu un héros populaire, toujours vivant dans la mémoire des foules? Il ne lui a manqué, sans doute qu'un grain de poésie, l'esprit d'aventure et surtout le drame d'une fin tragique.

La mère d'Hippolyte Larrey fut une femme remarquable : elle était fille du dernier ministre de Louis XVI, Leroux de Laville, qui accepta sans faiblir la charge de ministre des contributions publiques le 30 juillet 1792, lorsque la Révolution triomphante allait décréter l'arrestation du roi ; il échappa aux massacres de la Terreur et fit partie du Sénat de Napoléon Ier. Frappé d'apoplexie au pied du grand escalier des Tuileries, il mourut dans les bras de Corvisart. Il avait trois filles célèbres par leur beauté : Henriette, qui épousa le Dr Coutanceau, médecin aux armées; Emilie, mariée avec un Benoît d'Azy et qui était la séduisante héroïne des *Lettres à Emilie* où Démoustier apprit la mythologie à nos aïeules; enfin Elisabeth, l'aînée, qui fut la femme de Dominique Larrey; moins belle qu'Emilie, elle avait le même charme, la même grâce, un cœur fidèle ; elle était musicienne, peintre de mérite, élève de David, amie de Gros et de Giraudet; pendant la tourmente révolutionnaire, elle vécut de ses pinceaux et, aux premiers jours de la Restauration, lorsque la gêne visita le foyer, son talent conjura la détresse du ménage.

Le mariage se fit en 1794, avant le départ pour la Catalogne. Cette union fut, pour Larrey, une joie longue et profonde; il aimait passionnément sa femme ; ce montagnard d'éducation primitive et d'allures un peu frustes, considérait Elisabeth, « sa douce Laville », ainsi qu'il la nommait dans ses lettres, comme de race différente et d'essence supérieure ; il se confiait à son tact et prenait ses conseils dans les conjonctures délicates. Une sotte histoire devait, plus tard, troubler cette harmonie jusqu'alors inaltérée et augmentée encore par la naissance d'une fille que le père nomma Isaure. Isaure, plus âgée de neuf ans qu'Hippolyte, était sa marraine ; elle fut aussi sa confidente, l'amie et le soutien des heures douloureuses. La correspondance de famille, que j'ai eu la fortune de lire à loisir, en témoigne d'une façon touchante.

Cette correspondance nous apprend combien la naissance d'Hippolyte fut désirée : Dominique, en partant pour l'Espagne, laissait en France sa femme enceinte ; ses lettres adressées à Isaure, alors âgée de neuf ans, s'expliquent, sans réticences, sur le futur événement ; il parle à la fillette des souffrances qui attendent sa pauvre mère, des dangers qu'elle va courir, des soins qu'il lui faudra donner ; il accuse « sa maladresse de l'avoir mise dans l'embarras où elle est ». Mais la joie d'avoir un fils — car ce sera un fils — dissipe ses remords. On le nommera Félix-Hippolyte, il sera médecin et son père l'instruira dans son art. Le grand jour arrive ; le célèbre Ribes y préside : ce fut bien un garçon et Isaure, dans une lettre d'une candeur charmante et aussi naïve de style que d'orthographe, annonce au père la naissance de l'enfant dans le berceau duquel une main inconnue a déposé la croix de la Légion d'honneur. Aussi le nom de Lilite alternait-il avec celui de « Petit chevalier », titre usurpé alors, mais qui, trois ans plus tard, devait être conquis pour lui, sur le champ de bataille de Wagram.

A la nouvelle de cette naissance, Dominique Larrey ne put contenir sa joie ; il courait dans les rues de Vittoria, la tête découverte, la lettre d'Isaure à la main et criait à tous qu'il avait un fils. Diversion heureuse dans cette terrible campagne d'Espagne où il affronta tous les dangers, connut toutes les misères et ressentit toutes les douleurs : il vit mourir son ami Talabère et Frizac, son élève préféré ; il faillit être tué en rentrant dans Madrid révolté pour regagner son hôpital, en fermer les portes, armer ses majors, ses infirmiers, les convalescents pour protéger les soldats blessés. Ces dangers, ces batailles, ces marches par des chaleurs qui rappelaient celles d'Égypte et des froids qu'il devait retrouver en Russie, eurent raison de sa robuste santé ; il fut pris par la fièvre nosocomiale et, à Burgos, on craignit pour sa vie. Eh bien, de cette campagne d'Espagne, il ne garda qu'un souvenir, celui de la naissance d'Hippolyte et plus tard, où qu'il fût dans sa vie errante, à Vienne, à Moscou en pleine fournaise, à Dresde un soir de bataille, à chaque anniversaire du 18 septembre, une lettre chargeait Isaure d'offrir pour lui à la mère une branche de myrte fleuri.

Hippolyte est mis en nourrice chez des paysans de Nanterre ; après son sevrage, on le confie à sa marraine Isaure, car la santé de Mme Larrey était devenue fort précaire ; outre des maux de tête terribles dont son fils devait hériter, elle fut prise d'une grande irritabilité nerveuse provoquée par l'incident qui troubla pour toujours la paix du ménage. Dominique Larrey avait ramassé, livre par livre, une somme de trente mille francs économisés sur sa paie et sur les gratifications de l'empereur. Avant de partir avec la Grande Armée, il confia ce trésor à sa femme qu'il jugeait plus habile que lui. Mme Larrey chargea du placement de ces longues économies un vieil ami qui, dès le lendemain, niait le dépôt. La pauvre Laville, attérée s'évanouit et depuis ce jour elle traîna jusqu'à la mort une maladie de cœur. Au retour de Dominique, il fallut avouer ce désastre. Le coup fut terrible : le malheureux ne put ni oublier ni pardonner cette misérable histoire ; toujours il en souffrit et en fit souffrir.

Ce fils d'âpres paysans était, pour ses malades, d'une générosité légendaire ; il leur donnait ses vêtements, son linge ; un jour, après la Moskowa, il remit ses derniers napoléons à deux petits tambours qu'il venait d'amputer ; il vendit le sabre oriental offert par Lannes après son duel avec Junot et, des quarante guinées qu'il en réalisa, il nourrit ses blessés d'Alexandrie. Mais chez lui, pour lui et pour les siens, il était d'une économie rigide ; pendant la Révolution, il avait vu crouler tant de fortune, il avait assisté à tant de ruines subites, qu'il redoutait toujours le lendemain ; il trouvait trop ouverte la main de sa femme, élevée à la cour de Marie-Antoinette, et réglait strictement ses dépenses ; il donnait peu à son fils qui, la veille de sa première communion, demandait trois francs non sans fournir le détail exact de la dépense : vingt sols pour la confirmation, vingt sols pour l'offrande et vingt sols pour une promenade avec l'aumônier.

Les premières années d'Hippolyte se passèrent au milieu des récits de combats. En 1809, campagne d'Autriche et les lettres du père racontent la capitulation de Vienne, le passage du Danube, à l'île Lobau, la terrible bataille d'Essling, la foule des blessés nourris de bouillon de cheval salé de poudre à canon, l'amputation et la mort de Lannes, puis les meurtrières journées de Wagram où, avant la nuit plus de cinq cents blessés encombraient l'ambulance. Le chirurgien en chef y déploya une telle activité qu'il y conquit le titre de baron et une dotation de cinq mille francs. Dominique joyeux écrit à Isaure qu'elle est « baronnette » et que désormais Lilite n'usurpera plus son nom de « Petit chevalier ». Larrey rentre à Paris en décembre 1809. Le 12 février 1812, il est nommé chirurgien en chef de la Grande Armée et rallie le quartier général à Mayence.

Il faut chercher dans les lettres à Isaure les vraies impressions de Larrey sur la campagne de Russie ; le quatrième volume des

Mémoires et Campagnes, qui a trait à cette époque, date de 1817; la Terreur blanche finit à peine ; on est en pleine Sainte-Alliance, sous l'œil de la Congrégation et Larrey veut être prudent : Au cours de son récit officiel, il remplace le mot d'Empereur par celui de « chef suprême de l'armée » et plus souvent par « on ». Il est autrement expansif dans ses lettres, du moins jusqu'à Moscou, et il conte avec entrain les combats de Wilnâ, de Witepsk, l'assaut de Smolensk, où nos troupes laissèrent plus de six mille blessés, que, faute de linge, de charpie et d'attelles, Larrey dut panser avec du papier d'archives, de l'étoupe et des parchemins; à la Moskowa, même pénurie et nombre de blessés presque double. L'armée entre à Moscou que dévore déjà l'incendie et Larrey manifeste à Isaure tout son mépris « pour cette nation ignorante et barbare qui préfère un vain orgueil à son existence. »

Elle sauvait au contraire son existence avec son orgueil et, de ce jour, commence cette retraite à jamais lamentable où Larrey donna la plus haute mesure de son héroïsme; il pansa les blessés sans abris, dans la neige, au milieu de villages incendiés, par un froid de 28 degrés, tenaillés par la faim et toujours harcelés par des hordes de cosaques. Il dompta le découragement, l'égoïsme ; il accomplit tout son devoir, le cœur haut. Les soldats le savaient et le lui prouvèrent à la Bérézina ; Larrey a déjà franchi le fleuve; il a le courage de le repasser pour chercher ses caisses de secours ; sur le bord ennemi, le remous des fuyards l'entraîne dans la mêlée, sur les ponts croulants; il est foulé aux pieds parmi les voitures brisées, les chariots d'artillerie, les chevaux abattus, les conducteurs écrasés. Il va périr, mais on le reconnaît : la panique s'arrête, les soldats s'oublient pour ne songer qu'au salut de leur « providence »; on l'enlève, on le transporte de bras à bras et on le dépose sain et sauf sur la rive.

En janvier 1813, Larrey arrive à Posen ; il reprend sa correspondance avec Isaure et, malade, en proie au froid, à la soif, à la faim, il s'attendrit en pensant qu'Hippolyte, alors âgé de 5 ans, a passé les vacances à la campagne, entre sa mère et sa sœur et qu'il y a « mangé du raisin à discrétion ». Le retour est proche; on va se revoir. Mais la campagne de Saxe s'ouvre ; le chirurgien en chef est à Lutzen, à Bautzen, à Dresde, à Leipzig et, notre armée refoulée en France, il est à Brienne, à Montereau, à Méry, à Crâonne où, renouvelant ses exploits de Madrid, il arme les paysans pour protéger ses ambulances. Après la prise de Paris et l'exil de l'empereur à l'île d'Elbe, il rentre parmi les siens pour s'y reposer, moins d'un an, la durée de la première Restauration, et partir pour Waterloo. Dans la nuit, lors de la déroute et quand les derniers carrés sont foudroyés, il se fraie un passage, le pistolet au poing, à travers un gros de cavaliers ennemis; mais son cheval, frappé d'une balle, s'abat, et, lui, reçoit à la tête et à l'épaule gauche un double coup de sabre qui le renverse sans connaissance. Il est pris, désarmé, dépouillé; on va le fusiller lorsqu'il est gracié par Blücher. Il rentre en France — et c'est la fin de la grande épopée.

Avec le repos vinrent de cruels soucis : Larrey était sans fortune et la Restauration supprima le titre et les émoluments d'inspecteur général, ses dotations, les revenus de la Légion d'honneur; il ne conserva que sa place de chirurgien en chef de l'hôpital de la Garde. Il faillit alors quitter la France : on lui offrait aux Etats-Unis, au Brésil, en Russie, des avantages considérables, mais le désir de rester parmi ses soldats le retint. Agité de sourdes colères, il assista aux horreurs de la Terreur blanche; il vit périr de glorieux chefs de la Grande Armée, fusillés légalement comme Ney ou massacrés par la populace, comme Brune. Il perdit coup sur coup sa mère et son frère, François Larrey, chirurgien à Nîmes. Le travail seul put vaincre sa mélancolie : il eut ses malades, un ouvrage de chirurgie, son quatrième volume des *Mémoires et Campagnes* et surtout l'éducation de son fils Hippolyte.

Peut-être, pour cette dernière tâche, la main du père fut-elle trop pesante. Des héros, nous avons l'exemple, mais on peut les craindre comme éducateurs. Dominique Larrey fut, avec son fils, autoritaire, sentencieux, violent et sec; il était fier d'Hippolyte; il le marquait même trop et ne craint pas de lui écrire : « Je me félicite que la Providence et ta mère m'aient donné un enfant qui réunisse l'intelligence à un physique d'une perfection peu commune. » Mais il comprenait mal l'âme expansive de l'enfant et les besoins de sa jeune imagination. Au lieu des histoires de voleurs que le gamin demande, il lui expédie trois volumes de voyage « pour munir, dit-il, son esprit de choses utiles » et lui annonce l'envoi de ses *Mémoires et Campagnes*. Il voilait tellement sa tendresse que l'enfant croyait ne pas être aimé de son père dont il ne découvrit l'ardente affection que très tard, au cours d'une fièvre typhoïde, en l'entendant frapper les murs de sa tête et crier : « Mon Dieu, j'en ai sauvé tant d'autres, sauvez-moi donc celui-ci. » Hippolyte n'avait pour son père qu'une respectueuse réserve et c'est sur les genoux de sa mère qu'il apportait ses effusions. Comme a dit Dumas, Dieu a bien fait de créer le cœur des mères, celui des pères ne suffirait pas.

Voué à la chirurgie militaire, dès avant sa naissance, il avait acquiescé au vœu paternel et, à dix-huit ans, au sortir de Louis-le-Grand, où il avait fait de remarquables études, il prit sa première inscription ; quelques mois après, il concourait pour l'Ecole de Strasbourg et y entrait premier; l'année suivante, en 1823, il était nommé sous-aide major, toujours avec le premier rang et on le détachait au Gros-Caillou, dans le service de Dominique Larrey. Pendant « les trois glorieuses », il se rangea aux côtés de son père, lorsque le vieux chirurgien, faisant tête aux bandes victorieuses qui voulaient massacrer les blessés de la garde royale, leur lança ce cri superbe : « Allez-vous en ! Ces blessés sont à moi. » — En 1832, à vingt-quatre ans, Hippolyte enlevait le titre de docteur et presque aussitôt, prenait part au siège d'Anvers ; il y remplit tout son devoir, et même un peu celui des autres ; pendant les vingt-trois jours du bombardement, il ne quitta pas la tranchée, toujours au premier rang, mais avec tact, sans bruit, sans vaine ostentation. Le maréchal Gérard, le proposa pour la croix, mais le ministre de la guerre, Soult, duc de Dalmatie, trouva Hippolyte trop jeune et décora un de ses protégés plus jeune qu'Hippolyte.

Il avait repris son service au Gros-Caillou, sous la direction paternelle, quand éclata la première épidémie de choléra, la plus terrible, celle qui frappa la cité d'une folle épouvante. Le peuple accusait « l'ennemi » d'empoisonner les fontaines et les médecins de propager le fléau. Hippolyte, comme Dominique à Jaffa, vécut à l'hôpital, au centre de cette nouvelle peste et parmi tant de dévouements, son dévouement fut tel, il déploya tant de zèle auprès des moribonds que, de nouveau, ses chefs réclamèrent pour lui la croix de la Légion d'honneur. Mais Soult était encore ministre et la proposition fut écartée. Le duc de Dalmatie en frappant le fils visait le père qu'il détestait depuis la campagne de Saxe. L'incident est historique et vaut d'être raconté :

Après la bataille de Bautzen, on constata, sur plus de deux mille recrues, une blessure identique à l'index droit ; les grands maréchaux, qui voulaient la paix pour jouir enfin de leur gloire, de leurs duchés, de leurs richesses osèrent affirmer que les jeunes soldats s'étaient mutilés volontairement pour regagner leurs foyers. L'empereur furieux veut un exemple : on décimera les blessés; on en fusillera plus de deux cents. Larrey accourt, le visage bouleversé, les mains tendues : — Sire, on vous trompe ! ces enfants sont innocents; ils ne demandent qu'à servir encore la patrie. — Napoléon, pâle de colère, lui crie qu'il le trouve bien arrogant de prendre la défense de ces misérables : — Je vous donne, dit-il, vingt-quatre heures pour démontrer leur innocence : allez. — Larrey examine un à un les mutilés; il prouve que leur blessure vient de leur inhabileté dans le maniement du fusil. Son rapport convainct l'empereur dont la colère retombe sur les maréchaux parmi lesquels était Soult. Et voilà pourquoi le fils de Dominique, ne fut décoré ni après le siège d'Anvers, ni après l'épidémie de choléra.

En octobre 1834, Dominique Larrey emmène son fils à Rome, visiter la mère de Napoléon. Hippolyte nous raconte l'entrevue avec un respect religieux. Conduit par le cardinal Fesch, frère de Lœtitia, ils entrent, comme en un temple, dans le palais silencieux et s'arrêtent sur le seuil d'une salle dont la fenêtre ouverte montre au loin la tour du Capitole. Les portraits et les statues de tous les Bonapartes sont là; d'abord le père, Charles, puis les cinq fils et les trois filles que domine le buste colossal de Napoléon; à côté, Joséphine, Hortense, son fils, le futur Napoléon III, Eugène, et enfin, au pied du lit, le roi de Rome dont le marbre gracieux, revenu de Sainte-Hélène, avait reçu le dernier regard de l'empereur. Et là, au milieu de ce panthéon, dans ce rare cortège évoqué par David, Gros, Isabey, Gérard et Canova, les visiteurs aperçoivent, à demi couchée sur le petit lit de fer de Napoléon, la mère presque séculaire, blanche dans ses vêtements de deuil, d'une maigreur d'ascète, aveugle et les membres ankylosés. Sa tête, dont le profil, long et pur, rappelle celui de l'empereur, est inclinée sur sa poitrine ; ses mains sont jointes. Oui, elle est bien telle qu'il l'a rêvée, « l'auguste aïeule, survivant au destin de sa famille, à la gloire et au martyre de Napoléon, à la mort du roi de Rome ». L'émotion d'Hippolyte fut inoubliable, et de ce jour date l'idée de son ouvrage sur *Madame Mère*.

Un concours pour l'agrégation s'ouvrit, l'année suivante. Hippo-

*

lyte Larrey y prit part avec Malgaigne, Huguier, Lenoir, Sédillot, Cullerier, Chassaignac devant des juges qui se nommaient Jules Cloquet, Roux, Laugier, Gerdy, Marjolin et Blandin. Larrey fut nommé, avec Sédillot, Lenoir et Malgaigne, et pour nous prouver que, depuis soixante-trois ans, rien n'a changé sous le soleil, et que les revendications d'aujourd'hui étaient celles d'hier, la *Gazette des Hôpitaux* écrit : « Comme toujours, les nominations étaient faites à l'avance ». Grâce à son titre nouveau, Larrey suppléa Cloquet, pendant trois ans, dans sa chaire magistrale à l'hôpital des Cliniques. En 1841, au concours et à l'unanimité des voix, il devenait professeur de pathologie chirurgicale au Val-de-Grâce où il eut bien vite conquis les élèves par son zèle et par sa parole, un peu froide peut-être, mais élégante et précise ; il n'abordait son sujet qu'après s'être documenté à loisir et le traitait avec conscience et compétence.

A cette époque, Hippolyte Larrey était un beau jeune homme, dont le tableau de Pérignon a conservé la séduisante image : longs et doux yeux étonnés, comme alanguis par des paupières un peu closes, front large où la pensée flotte encore indécise, souples et abondantes boucles noires, aimable bouche et, comme impression générale, une physionomie à la fois fière et naïve. La tendresse de son cœur était voilée par une délicate réserve ; à l'âge difficile où l'imagination s'enflamme et où le cœur s'affole, il avait maîtrisé les sentiments et les désirs suspects qui laissent après eux crainte, remords ou dégoût, et, dans la troublante atmosphère des salons, ce charmeur atteignait le seuil de la trentaine, intact et tout enivré encore des blanches illusions de son adolescence. A ce moment, il conçut un vif amour dont nous trouvons la trace dans sa correspondance : hors de Paris, dans ses voyages, la nostalgie le prend dès le départ ; dès les premières étapes, il se précipite à la poste, il palpite à la vue du facteur, et, si la lettre espérée manque, le ciel lui devient vide et la terre est déserte.

Ce n'était pas sa première passion : à vingt ans, il aimait la fille d'un général connu ; il voulait l'épouser. Dans le délire d'une fièvre typhoïde son secret échappe devant son père ; la jeune fille était pauvre, et, lui, Dominique qui n'avait pas craint de prendre, joyeusement et plein de confiance dans l'avenir, la belle Elisabeth, dénuée de toute fortune, il redoute le même destin pour son fils ; il lui signifia ou de renoncer au mariage ou d'épouser une femme riche. Le bon fils céda : son admiration pour le héros, mêlée à son respect pour le père, le faisait se courber toujours sous une autorité devenue despotique. La belle Isaure en souffrit aussi : ses prétendants s'enfuirent devant l'humeur jalouse de Dominique. Parmi eux, on citait Clot-Bey, dont la vie est un vrai roman. Enfant, il quitte son village et vint à Marseille avec sa garde-robe dans son mouchoir et trente francs dans son gousset ; il entre comme garçon chez un barbier, apprend la médecine, puis se met au service de Méhémet-Ali, et, grâce à son génie d'organisation, il conquiert une des premières places dans l'Egypte « régénérée ». Il vint à Paris, au plein de sa gloire ; l'Académie de médecine, l'Institut, le monde lui font un accueil triomphal ; il fréquentait chez les Larrey ; on s'attendait à un mariage, mais il regagna l'Egypte sans demander la main d'Isaure désolée.

Cette tyrannie, pesante et cependant aimée, allait prendre fin. Pourtant le vieux chirurgien conservait sa vigueur première ; il ne voulait abdiquer aucune de ses fonctions et sa surprise fut cruelle lorsque, en 1835, on lui accorda sa retraite de chirurgien en chef des Invalides. En 1839 il fit, avec son fils, un voyage dans le Sud-Ouest pour y revoir Baudéan, sa bourgade natale où vivait encore sa sœur Geneviève ; il y trouva sa maison délabrée ; le curé qui l'habitait, brûlait les arbres fruitiers, aveuglait les vitres cassées par des bouchons de paille et laissait les lézardes entr'ouvrir les murs. L'année suivante, la *Belle Poule* ramène à Paris les cendres de l'Empereur, Larrey fut de l'inoubliable fête et malgré le froid, malgré ses 74 ans, au bras de son fils, sous son manteau de campagne, il escorta le cercueil, à pied, de Courbevoie aux Invalides. En 1842, il réclame l'inspection des hôpitaux d'Algérie et part avec Hippolyte ; le voyage fut triomphal, dans notre Afrique mal soumise encore et où Abdel-Kader tenait toujours la campagne. Ils voyageaient de camp à camp, éclairés par des spahis, escortés par des zouaves, et les soldats acclamaient le vieux chirurgien de l'Empereur. La fatigue était grande, mais le vieillard la supportait sans faiblir. Tout à coup il apprend que la santé de sa femme décline ; il hâte son retour et débarque à Marseille pour regagner Paris.

Quel douloureux calvaire que ce voyage ! Pendant la traversée, Dominique Larrey est pris d'une vive oppression ; le 8 juillet, à Marseille, elle augmente ; le 11, un léger mieux se manifeste, mais comment s'en réjouir? de Paris, Isaure écrit que sa mère est très mal; Hippolyte répond en annonçant l'état du père, et ce fut, pendant plus d'une semaine, entre les deux enfants désolés, un échange de lettres où chaque jour le cercle se rétrécit de la sinistre certitude. On saigne cinq fois Dominique qui veut, malgré sa faiblesse, continuer son voyage; il gagne Toulon; il en repart le 16 et s'évanouit dans les bras de son fils; le 17, il est Aix; le 18, à Avignon où les forces diminuent encore; le 21, il se sent mieux, et, malgré de vives prières, il prend le bateau du Rhône pour Lyon; il y arrive le 24 et meurt le 25, à 9 heures du matin; à 5 heures du soir, le même jour, une lettre d'Isaure annonçait à Hippolyte la mort de sa mère. Une dernière amertume était réservée aux orphelins : Dominique Larrey voulait être enterré à l'infirmerie des Invalides, au milieu des gloires impériales; Soult répondit par un refus : la vieille haine de Bautzen ne désarma pas devant la mort.

La gloire a son envers qu'elle réserve, dit-on, pour la famille : l'admirable héros que fut Dominique Larrey, ce bras, ce cœur prêt à toutes les tâches, cette âme ardente et généreuse fit porter aux trois êtres charmants qu'il adorait, sa femme, sa fille et son fils, le poids d'une autorité écrasante. Certainement, l'individualité d'Hippolyte eût été plus originale et frappée d'un coin plus net si, pendant trente-quatre ans, son initiative n'avait pas été brisée par les inflexibles arrêts de son père. Lorsqu'on regarde, au Louvre, dans la salle des Sept cheminées, les portraits des deux Larrey, le Dominique de Girodet et l'Hippolyte de Pérignon, placés côte à côte sur la cimaise, on s'inquiète en songeant aux heurts possibles entre deux êtres si dissemblables. A voir le front volontaire, le menton violent, la physionomie dominatrice du père, on tremble pour Hippolyte, pour son ingénuité naïve et sa délicate bonté.

Ces deux morts mirent en détresse l'âme du jeune Larrey; il se réfugia dans le travail; il avait ses leçons, ses élèves. Il fut nommé membre de notre Société et l'accueil qu'il y reçut fut si empressé que, au bout de trois années, il en était nommé le président; en 1850, l'Académie de médecine lui ouvrit ses portes et il échangeait sa chaire de pathologie contre la chaire de clinique chirurgicale. Pendant cette période il publia ses travaux les plus estimés, sa monographie sur l'adénite cervicale, son mémoire sur le trépan et ses recherches sur les plaies de la vessie. Il voulut reculer les limites de la conservation dans les traumatismes; mais, à l'époque où il la prêcha, sa croisade était stérile. Opérer ou ne pas opérer, le résultat était le même : la mort à brève échéance. Depuis, l'antisepsie, la doctrine de la conservation systématique est devenue féconde; nous l'avons érigée en dogme et je professe que dans les écrasements des membres, il faut s'abstenir : jamais d'amputation traumatique, telle est ma formule intransigeante. Le blessé, que l'intervention tuait parfois, guéri et dans de meilleures conditions, car la nature, plus avare dans ses procédés de réparations, sacrifie moins de tissus que la plus parcimonieuse de nos exérèses.

Bien qu'il fût décoré de la croix de Juillet, la chute de Louis-Philippe n'éveilla chez Larrey que des regrets médiocres. La République eut d'abord ses sympathies, puis il accueillit avec enthousiasme l'avènement de l'Empire. Nous qui ne pouvons oublier les proscriptions de son aurore, la guerre funeste de son couchant et la patrie mutilée, nous comprenons pourtant l'ardente admiration d'Hippolyte Larrey : il faut compter avec la reconnaissance et les souvenirs de famille. Au siège d'Alexandrie, son père avait couché, au bivouac, à côté de Bonaparte, tous deux recouverts par le même manteau, et, depuis, il avait suivi sa fortune des Pyramides au départ pour Saint-Hélène; lui, Hippolyte, à sept ans, il avait vu le grand homme s'arrêter devant lui et lui flatter la joue. Par la lecture des *Mémoires et Campagnes* et par les récits de son père, il avait vécu l'épopée impériale; il avait été accueilli par Madame Mère, il avait vu Joseph, et sa séduisante fille, la comtesse de Survilliers; il connut Louis et voua un culte à la mère du nouvel empereur, à la reine Hortense dont il s'entretenait souvent avec son charmant biographe, Julie Junot, duchesse d'Abrantès.

Napoléon III lui témoignait une amitié déférente : il en fit son chirurgien et, comme Corvisart était son médecin, on aurait pu se croire encore aux Tuileries de 1808 quand Napoléon Ier avait auprès de lui, et aux mêmes emplois, un Corvisart et un Larrey. Dès le début du règne, Hippolyte invoqua la clémence impériale pour le grand sculpteur à qui l'on doit, parmi tant d'œuvres maîtresses, la statue de Dominique Larrey, érigée dans la cour d'honneur du Val-de-Grâce : David d'Angers, ardent républicain, fut, au coup d'Etat, incarcéré à Vincennes. Hippolyte court chez l'empereur qui commue la prison en exil. L'artiste se réfugie à

Bruxelles, mais le climat y éprouve sa santé délabrée; Larrey multiplie alors les démarches et les mène avec une telle délicatesse, il ménage si bien la dignité de son ami, que David d'Angers, d'une fierté presque susceptible et dont les convictions n'avaient pas désarmé, crut pouvoir rentrer en France.

En avril 1859, Larrey fut nommé chirurgien en chef de l'armée des Alpes et partit pour l'Italie avec l'état-major du grand quartier général. Il y fut digne de son père : à Magenta, il était des ambulances de première ligne; à Solférino, où il reçut la croix de commandeur de la Légion d'honneur, son cheval, Tony, blessé au poitrail, allait s'abattre quand Napoléon lui-même prévient Larrey du danger qu'il court. Larrey raconte qu'après la bataille, il fut chargé de remettre la croix à un blessé, au fusillier Breillac, qui avait tué, d'un coup de bayonnette, un général autrichien et rapporté, au camp, son épée et son chapeau à plumes. A l'ambulance, le chirurgien pique la croix à la chemise de Breillac et lui demande comment il remerciera l'empereur. « Eh bien, répond notre homme, dites-lui beaucoup de choses de ma part. » Pendant cette campagne, le chirurgien en chef put voir les manquements de l'intendance; ses idées sur l'autonomie du service de santé étaient faites et il commença cette lutte de plus de vingt années, mais où il eu l'honneur de porter le coup triomphant.

Un dernier malheur de famille avait frappé le baron Larrey. Isaure mourut du mal qui devait plus tard emporter Hippolyte. La pauvre femme, dans les dernières années de sa vie, n'était plus la douce, la charmante, la sensible Isaure dont la beauté avait fait s'incliner le grand Napoléon, dans une revue, en 1815. Son caractère s'était aigri; elle occupait, dans le ménage, la place que « la pauvre mère de douleurs » n'avait plus la force de tenir; il fallait résister aux volontés du père, et elle y prit quelque raideur; puis elle devint vieille fille, souffrit de voir fuir la jeunesse sans mari et sans enfants; enfin, elle fut toujours un peu jalouse de l'affection de son frère qui, tout jeune, distingua chez elle ces inquiétudes de cœur et, pour calmer ses craintes, lui écrivait de bien naïves lettres : « Aujourd'hui je viens à toi, à toi seule et presque sans papa ni maman. » Mais ces tristesses et ces nuages étaient passagers; le frère et la sœur s'aimaient profondément et lorsque Isaure, enfin apaisée par son mariage avec le Dr Périer, médecin en chef des Invalides, fut emportée après un an de souffrances, la douleur fut grande pour Hippolyte désormais isolé dans la vie.

Du moins, il continuait l'ascension de sa brillante carrière. En 1858, il quitte la chaire de clinique chirurgicale et la sous-direction de l'École du Val-de-Grâce, incompatibles avec les fonctions de médecin-inspecteur. Il préside l'Académie de médecine en 1863 et en 1867 il remplace Civiale à l'Académie des sciences; il succède à Maillot comme président du Conseil de santé des armées; il était commandeur de la Légion d'honneur et avait reçu des cours étrangères presque autant de croix qu'un diplomate; enfin l'empereur lui continuait sa puissante amitié. Au camp de Châlons où il l'accompagnait tous les ans, Larrey soupçonna, dès 1865, l'existence d'une pierre dans la vessie; le tableau clinique était complet et pour affirmer le diagnostic, il ne manquait que le heurt de la sonde métallique sur le calcul. Au retour, une consultation eut lieu avec Nélaton et Jobert de Lamballe, mais Napoléon s'opposa à toute exploration se souvenant des souffrances qu'un simple cathétérisme lui avait fait endurer à Vichy. La pierre grossit, la cystite s'aggrava et la néphrite survint. Telle est la vérité sur cette maladie qui suscita de si retentissantes polémiques.

Désormais, le baron Larrey n'eut plus de sécurité auprès de son malade; en 1869, il accompagna l'impératrice en Corse. Il devait aussi la suivre à l'inauguration du canal de Suez; mais, dans un bal offert par les officiers de marine sur le pont du vaisseau qui ramenait l'impératrice à Marseille, il eut la vision des splendeurs que préparait l'Égypte à la souveraine de France, encore dans l'éclat de sa radieuse beauté : ce cortège d'artistes, de savants, d'officiers accourus pour ces fêtes uniques, dans la lumineuse contrée; puis il songea tout à coup à l'empereur vieilli, soucieux, accablé par un mal qui s'aggravait sans cesse au milieu d'intolérables crises. Non! sa place n'était pas dans ces festins et ces bals, parmi les adorateurs du soleil levant, agenouillés devant la future régente; elle était à Paris, auprès de son malade qu'il aimait et, pour obéir à ce sentiment rare, il déclina le fastueux honneur de suivre l'impératrice.

L'année suivante éclate la guerre inexpiable. Larrey est nommé chirurgien en chef de cette armée qui, par une dérision cruelle s'appelle l'armée du Rhin; il rallie le quartier général à Metz; il assiste à la bataille de Borny, se rend au camp de Châlons, erre plusieurs jours, à la recherche de Bazaine; il est enfermé à Montmédy que l'ennemi bombarde ; il en sort, gagne la Belgique et rentre à Paris avant l'investissement. L'empereur était prisonnier, l'impératrice et le prince impérial en fuite, l'Empire renversé. Le Gouvernement de la Défense fait Larrey chirurgien en chef de l'armée de la capitale ; pendant la Commune, il remplissait les mêmes fonctions à Versailles. A l'entrée des troupes régulières dans Paris, les insurgés allaient mettre le feu à sa maison de la rue de Lille, lorsqu'un d'eux apprend qu'elle appartient à Larrey ; il se rappelle avoir été soigné par lui au Val-de-Grâce ; il arrête ses compagnons, leur conte la douceur et la bonté du médecin et c'est ainsi que furent conservés les œuvres d'arts et les collections précieuses dont nos Musées ont hérité. En 1872, sonna l'âge de la retraite ; Larrey était encore en pleine vigueur, on pourrait dire en pleine jeunesse, et, pour marquer le regret qu'il avait à se séparer de lui, le ministre de la guerre le promut à la dignité de grand-officier de la Légion d'honneur.

C'est le baron Larrey de cette époque, le baron Larrey d'après sa retraite que notre génération a connu. On le voyait à la Société de chirurgie, à l'Académie de médecine, au palais Mazarin, toujours présent, toujours exact, aimable, souriant et d'une politesse vraiment extraordinaire. Si nous en croyons la statue du Val-de-Grâce, il ressemblait à son père ; il était petit comme lui, mais de taille bien prise et d'épaules robustes ; sa tête, un peu grosse, était encore ornée des cheveux admirables de sa jeunesse, souples, bouclés et maintenant d'une blancheur de neige ; un front haut et large, des yeux noirs doux et bons, un nez grand et de lignes pures, une bouche bienveillante, un teint d'une « pâleur superbe » donnaient à sa physionomie une très rare distinction. Sa figure attachait le regard et les étrangers, de passage dans nos sociétés savantes, demandaient tout d'abord le nom de ce beau vieillard dont « les gestes, la démarche, la façon de parler étaient, nous dit Bianchon, d'un soldat, d'un savant et d'un gentilhomme accompli. »

Bon, obligeant, affable, courtois, il était de conscience droite et détestait l'injustice ; il osa refuser à l'impératrice l'avancement trop rapide d'un protégé et la souveraine lui en garda rancune. Dans une lutte académique où nous étions engagé, nous le vîmes résister aux instances d'une princesse issue des Bonaparte. Vertu bien rare, il admettait qu'on fût honnête dans un autre parti que le sien. Il vécut de sa médiocre aisance et ne chercha jamais la fortune. Cette tenue morale, cette obéissance à de hautes règles n'enlevait rien à sa bonne humeur. Il aimait les histoires gaies et conte, dans ses *Mémoires*, qu'un officier qui sacrait et jurait à l'ambulance, en fut réprimandé doucement, par une jolie sœur de charité. — Et qui êtes-vous, crie le soldat, pour me parler ainsi? — Je suis, répond la sœur rougissante, je suis la fille du Seigneur. — Ah! vous êtes la fille du Seigneur! Et bien, voulez-vous m'aider à devenir son gendre?

Hippolyte Larrey ne fut point un « déraciné »; il était né à Paris, mais d'origine pyrénéenne; il revenait souvent prendre contact avec la terre des aïeux. Le village, où deux plaques de marbre signalent la maison des Larrey, Baudéan, marque la fin de la vallée de Campan, là où elle s'évase comme une immense coupe d'émeraude en avant de Bagnères-de-Bigorre. Heureux pays que Virgile eût chanté comme un autre Tempé sous le ciel changeant du Sud-Ouest, avec ses prairies veloutées, ses peupliers tremblants, ses fraîches oseraies, ses ruisseaux d'irrigation gais et lumineux dans une herbe toujours renaissante. Ils sont puisés au jeune fleuve qui vient de naître de la confusion des trois gaves de Tourmalet, de la Séoube et de l'Esponne; ainsi formé, l'Adour ondule, se brise sur les rochers roulés, puis son eau glauque se ramasse et saute en cascade pour se résoudre en poussière d'argent dans un entonnoir de verdure, tandis que, au premier horizon, l'Arbizon et le pic du Midi de Bigorre se dressent dans toute leur gloire.

A vingt ans, lors d'un premier voyage, il y avait encore trouvé quelques débris de sa famille; plus tard, quand la vieille tante Geneviève fut morte, il fit, de la maison paternelle, un asile pour les enfants du village. Par un testament daté de Sainte-Hélène, Napoléon Ier avait laissé cent mille francs à Dominique Larrey « le plus honnête homme de l'Empire »; mais l'empereur s'était exagéré sa fortune et tous les legs durent être réduits; Larrey ne toucha que quarante-trois mille francs. Napoléon III ne voulut pas laisser en souffrance les générosités de son oncle et « sur sa cassette », il parfit les cent mille francs. Hippolyte Larrey ne garda rien de cette somme inattendue et, avec une générosité qu'on n'a pas assez louée, il arrangea sa maison pour la donner aux pauvres après l'avoir dotée d'une rente suffisante.

En 1860, il fut conseiller général du canton de Beaudéan et il le resta jusqu'à la guerre. Au Seize Mai, il se présenta contre l'un des 363 et devint député de Bagnères; il siégea dans le groupe de l'Appel au Peuple. Aux élections suivantes, les conservateurs crurent habile de lui substituer Paul Fould et M. Constans fut élu. Du moins, son passage à la Chambre fut marqué par le vote de la loi sur l'autonomie du service de santé. On sait quelle humble place occupait jadis le médecin dans la hiérarchie militaire. Mais lorsque Dominique Larrey eut créé les ambulances volantes où le médecin affronte les mêmes dangers que les soldats, cette inégalité devint odieuse : celui qui est aux mêmes périls, doit être aux mêmes honneurs, et l'assimilation des grades fut un premier progrès; plus important, fut l'autonomie du service de santé jusqu'alors subordonné à l'Intendance. Hippolyte Larrey prit cette cause en main. Son discours à la Chambre emporta les dernières résistances, et la réforme fut votée.

Nous voici en 1878. Le baron Larrey était septuagénaire et sa vieillesse menaçait d'être bien isolée dans son foyer désert. Un bonheur lui survint, digne de sa bonté et de ses nobles sentiments. Comme membre du Conseil de l'Ordre de la Légion d'honneur, on lui soumit le dossier d'une jeune fille qu'on nommait déjà : l'héroïne de Pithiviers. Les généraux avaient signalé dans plusieurs ordres du jour et, à défaut de croix, Gambetta avait marqué d'une mention honorable, la vaillance de cette enfant de vingt ans qui, au milieu des Prussiens, hôtes imposés à sa maison, avait osé dérober les dépêches allemandes par un fil de fer sur un appareil Morse, les faire traduire et les envoyer, à travers les lignes ennemies, jusqu'aux chefs de notre armée de la Loire. Elle eut le sang-froid, la présence d'esprit, le courage de mener à bien, pendant dix-sept jours, cette redoutable entreprise qui sauva nos troupes, à Gien, d'un désastre irréparable. Elle fut dénoncée, arrêtée, condamnée; elle allait être exécutée lorsqu'elle fut graciée par Frédéric-Charles.

Après la guerre, la jeune fille reprit avec sa mère son modeste emploi dans les télégraphes, tranquillement, sans bruit, sans fanfares autour de son nom. Mais quand la France put enfin respirer et dresser le bilan de l'Année terrible, au milieu des fautes, des erreurs, des trahisons, des déroutes, on vit surgir des actes d'héroïsme et de dévouement ignorés jusqu'alors de la foule. Le décret du gouvernement qui convertissait en médailles militaires les mentions honorables de Gambetta mit, tout à coup, en vive lumière l'héroïne de Pithiviers et, dès ce jour, son nom fut populaire; d'une voix unanime, on réclama pour elle la croix de la Légion d'honneur; le baron Larrey la vit, elle et sa mère, et fut séduit par le charme le plus pénétrant, celui d'une âme supérieure qui s'ignore elle-même, d'un cœur qui se dévoue d'un élan spontané et parce que telle est sa nature. Nous vénérons les vertus conquises par une lutte incessante contre d'égoïstes instincts, mais combien plus de séduction ont les grâces natives qui s'épanouissent sans effort comme la fleur du matin. La nouvelle légionnaire était de cette race élue; elle fut héroïque, comme elle est bonne : son cœur le veut ainsi.

Son parrain dans la Légion d'honneur fut le baron Larrey; elle devint pour lui la fille la plus obstinément et la plus tendrement dévouée. Dans notre France ironique, nous croyons plus à l'amour tout court qu'à l'amour paternel et le bruit du mariage du baron Larrey avec sa filleule avait été si souvent annoncé qu'il était pour beaucoup une certitude. Mais les intimes savaient bien que seuls les sentiments de fille et de père les unissaient l'un à l'autre. Grâce à elle, les dernières années de son parrain ont été bénies : il passait ses soirées avec elle et sa mère à raconter les jours héroïques. Elle connut bientôt, dans leur intimité, le grand Larrey, la douce Laville, la tendre Isaure, le petit chevalier dont elle suivait, dans ces récits quotidiens, la belle et régulière ascension. Et si, aujourd'hui, j'ai pu vous esquisser, les traits des deux Larrey, je le dois à la mémoire fidèle de cette fille d'adoption.

Hélas! elle put épancher trop tôt le dévouement qui la tourmentait. Le baron Larrey dont la vigueur, à quatre-vingt-sept ans, était devenue légendaire reconnut, un jour, les atteintes du mal qui avait emporté sa sœur. Il lutta quelque temps; il paraissait à l'Académie, plus blanc, plus pâle et les traits affaissés, mais toujours avec son grand air noble et bon; puis il se retira à Bièvre avec son incomparable infirmière qui, sous la direction des professeurs Guyon et Potain essaya d'atténuer les douleurs dont souffrait son cher malade. Il fut stoïque et vit arriver la mort avec sérénité; un prêtre voulut l'assister; il le reçut avec bienveillance mais refusa son ministère : — « J'ai toujours, lui dit-il, suivi la ligne droite sur les traces de mon père dont l'image m'a guidé à travers la vie. » — Il s'éteignit, le 8 octobre 1895, dans la chambre où était morte, cinquante-trois ans auparavant, sa mère bien-aimée. Ses funérailles furent dignes de lui et nul de nous n'oubliera la cour d'honneur du Val-de-Grâce, la foule recueillie sous les froids rayons d'un ciel d'automne, les soldats en armes, les flammes des lanciers, les roulements des tambours voilés de crêpe, la chapelle tendue de deuil, les trophées de drapeaux au faîte des colonnes et, sur les marches du large péristyle, en face du catafalque couvert de fleurs, les orateurs retraçant la noble vie du fils en évoquant le souvenir du père, le grand Dominique Larrey, là, debout sur son piédestal.

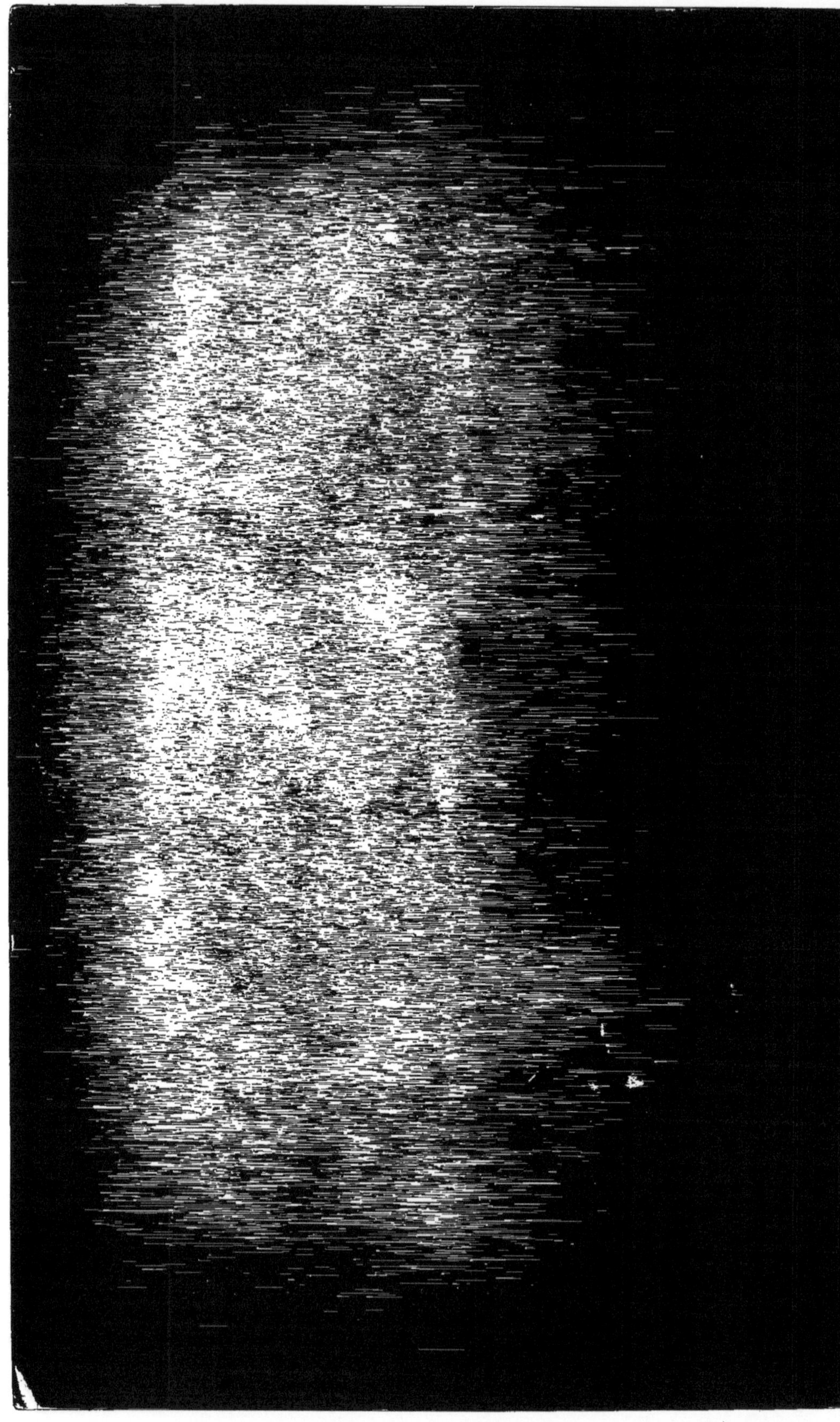

www.ingramcontent.com/pod-product-compliance
Ingram Content Group UK Ltd.
Pitfield, Milton Keynes, MK11 3LW, UK
UKHW020536230726
13925UKWH00005B/2311

9 782014 433692